À TOI,

QUE J'AI AIMÉ

À TOI,

QUE J'AI AIMÉ

- Amandine Gino -

Loi n°49-956 du 16 juillet 1949 sur les publications destinées à la jeunesse, modifiée par la loi n°2011-525 du 17 mai 2011

© 2023, Amandine Gino

Édition : BoD – Books on Demand, info@bod.fr
Impression : BoD – Books on Demand,
In de Tarpen 42, Norderstedt (Allemagne)

Impression à la demande
ISBN : 978-2-3220-4170-1

Illustration : Faustine Gambin
Amandine Gino

Dépôt légal : Février 2023

PLAYLIST ———

Reckless - Madison Beer

3 AM - Kevin Roldan

Narcissist - Avery Anna

Enough for you - Olivia Rodrigo

Birthday cake - Dylan Conrique

Monastery - Ryan Castro, Feid

Una Noche Mas - Kevin Roldan, Nicky Jam

All for you – Cian Ducrot

If I could – Brynn Cartelli

Like my father - Jax

À toi, mon amour de quelques mois,

PASSION

*Quand deux âmes se lient de passion,
d'amour et d'amitié*

- À toi, que j'ai aimé -

On courait sous la pluie
Comme deux enfants
En se tenant la main
Comme dans ces films
À l'eau de rose
On était beau et heureux

SOUS LA PLUIE

- À toi, que j'ai aimé -

Plus on parlait à cœur ouvert
Plus je tombais
Un peu plus
Amoureuse de lui

AMOUREUSE

- À toi, que j'ai aimé -

Je suis tombée
Littéralement,
Dingue de toi

DINGUE DE TOI

- À toi, que j'ai aimé -

Nos rires envahirent la pièce
Et le tien m'envoûtait
Comme un mauvais sort
Qu'on jette
Pour garder nos cœurs
Unis à tout jamais

MAUVAIS SORT

- À toi, que j'ai aimé -

Mon cœur s'agite
À chaque fois qu'il te voit
Avec tes petites bouclettes blondes
Ces yeux bleus
Qui ne sont qu'à toi
Et ton sourire
Espiègle et charmeur
Non dénué de sens

TOI

- À toi, que j'ai aimé -

Je me réveille en sursaut
Dans ce lit drapé de satin blanc
Cherchant ton corps nu
T'enveloppant
Dans mes petits bras frêles
Posant ma tête
Contre ton cœur
Qui me chante
À quel point il m'aime
Et que ce cauchemar
N'était qu'un mauvais souvenir...

MAUVAIS RÊVE

- À toi, que j'ai aimé -

J'ai envie de toi
De tes mains sur ma peau
De ta bouche sur la mienne
De rien d'autre que toi

BESOIN DE RIEN, JUSTE DE TOI

- À toi, que j'ai aimé -

« Est-ce que tu m'aimes ? »
Oui je t'aime
Ça fais bien longtemps que je t'aime
Ça fais déjà bien longtemps
Que ton nom résonne dans ma tête
Que ton nom traverse
Mes lèvres rosées chaque jour
Que chaque jour
Je t'ai dans la peau
Et que ma peau
Cherche la tienne constamment

M'AIMES-TU AVEC UN GRAND A ?

- À toi, que j'ai aimé -

Les rayons du soleil caressent mon corps nu
Étendu près du tien
Tu prends mon visage entre tes mains
Regarde mes lèvres avec envie
Et y dépose un baiser
S'y mêle ta langue
Tes mains descendent lentement
Pour venir se poser sur mes fesses
Ta bouche dérive sur mon cou
Sur mes seins
Je savoure chaque petite douceur
Que tes doigts m'offrent
Haletante et couverte de sueur
Je serre les draps
Et étouffe mes cris de plaisir

DOUCEUR AU LIT

- À toi, que j'ai aimé -

La vrai beauté d'une personne
Réside dans son cœur
Le temps crée des complexes
Mais au grand jamais
Il supprime la bonté d'un cœur
Pur et rempli d'amour

BEAUTÉ INTÉRIEURE

- À toi, que j'ai aimé -

Si tu n'aimes pas
Ce que tu vois dans le miroir
J'aimerais ton reflet
Pour toi

MIROIR

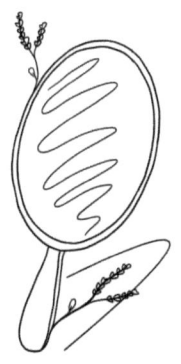

- À toi, que j'ai aimé -

Ce qui est beau
Chez un homme
Est sa sensibilité
À aimer

SENSIBILITÉ À AIMER

- À toi, que j'ai aimé -

J'aime cette odeur de café
Qui émane de toi
Et le goût de ce liquide amer
Sur ma langue
Après un baiser langoureux
Lorsqu'elles
Dansent ensemble
Et dans lequel
Elles ne sont pas prêtes de se quitter

CAFÉ

- À toi, que j'ai aimé -

Je ne crois pas que tu comprennes
Ce que ça fais que de ne penser
Qu'au plaisir que tu me donnes
D'avoir l'esprit vide et concentré
Sur tes vas et viens
De ne plus l'avoir en tête
Et ses mains sur mon corps
De ne plus sentir les larmes déraper
Sur un visage déchiré par la douleur
De savoir qu'il ne m'atteint plus
Même dans les moments les plus intimes
Et que la seule chose à laquelle je pense
Est ta bouche sur la mienne

PLAISIR ENFIN PARTAGÉ

- À toi, que j'ai aimé -

Tu m'as manqué tu sais ?
Les jours sans toi sont longs
Et dépourvus de sens

SANS TOI

- À toi, que j'ai aimé -

Tu n'étais pas le premier
Mais c'était comme si tu l'étais

LE PREMIER

- À toi, que j'ai aimé -

J'aimais son sourire asymétrique
De la même manière que son corps parfait
Ses belles boucles blondes
Ses taches de rousseurs brunâtres
Et ses yeux d'un bleu océan

LUI

- À toi, que j'ai aimé -

Ce que c'est bon
De retrouver tes lèvres
Sur ma peau
Et ton souffle chaud
Dans le creux de mon cou

BONHEUR ABSOLU

- À toi, que j'ai aimé -

Touche moi encore
Comme tu sais si bien le faire
Continue à agripper mes hanches
De tes mains d'une douceur
Mais également avec cette vivacité
Et cette poigne
Que je ne connais qu'à toi

ENCORE

- À toi, que j'ai aimé -

J'ai un de ces besoins pressants
Que tu me touches
Que tes mains descendent sur mon corps
Et que tes lèvres écrasent les miennes
Avec passion, amour
Et surtout, sans retenu

BESOIN PRESSANT

- À toi, que j'ai aimé -

Chaque fois que je le voyais
Il me rappelait le soleil
Brûlant contre ma peau
Et éblouissant comme celui-ci

SOLEIL

- À toi, que j'ai aimé -

Tes cheveux blonds
Ont une légère odeur sucrée
Et un doux parfum s'en dégage
Chaque fois que je les caresse
Et joue avec

BOUCLE D'OR

- À toi, que j'ai aimé -

Ce que j'aimais le plus chez lui
Sont ses petites taches de rousseurs
Qui parsemaient son corps
Chaque fois qu'il était nu,
Allongé contre moi,
Je les contemplais et les caressais
Du bout des doigts

TACHES DE ROUSSEURS

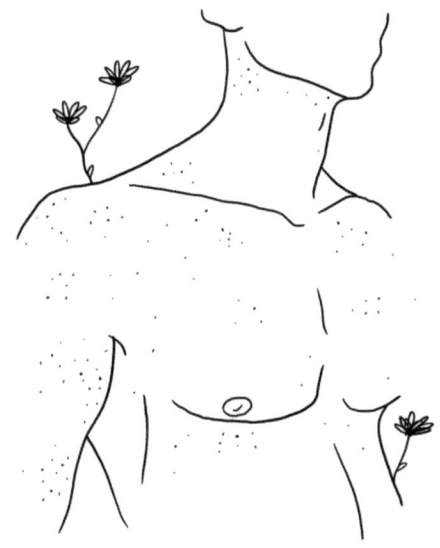

- À toi, que j'ai aimé -

Je t'en supplie
J'ai besoin de sentir
La chaleur de ta peau contre la mienne
Et de goûter
Ta langue légèrement sucrée

LE GOÛT ET LE TOUCHER EN ÉVEIL

- À toi, que j'ai aimé -

Putain ce que tu m'énerves
Mais putain ce que je t'aime

PUTAIN

- À toi, que j'ai aimé -

Il était l'une des plus belles choses
Qui me soit arrivée

PLUS BELLE CHOSE

- À toi, que j'ai aimé -

J'aime la manière dont tu attrapes mon visage entre tes mains pour y déposer un baiser sur mon front. J'aime la manière dont tu caresses mon visage du bout des doigts lorsque je pleure. J'aime la manière dont tu me prends dans tes bras en me chuchotant à quel point je t'ai manqué. J'aime la manière dont tu déposes tes lèvres délicates sur la peau fine de mon cou et le couvre de baiser. J'aime la manière dont tes yeux me regardent, un regard si doux et si bienveillant. J'aime chaque atome qui te compose et bien plus que ça. J'aime qui on est quand on est ensemble. J'aime cette électricité dans l'air, cette attirance qu'on a l'un envers l'autre. J'aime nos éclats de rires et nos conversations tard dans la nuit. J'aime t'entendre parler avec cette voix si sexy et si envoûtante. J'aime tout ce qui constitue chaque parcelle de ton corps et de ton âme.

JE T'AIME

DESTRUCTION

Quand deux âmes se déchirent et s'écorchent le cœur

- À toi, que j'ai aimé -

Chacune de mes paroles t'énervent
Même le bruit de ma respiration
Te met hors de toi
Pourquoi restes-tu avec quelqu'un
Qui t'énerve autant ?

ÉNERVÉ

- À toi, que j'ai aimé -

Chaque seconde
Que tu passais avec moi
Te faisait me détester
Un peu plus
De t'aimer

SECONDE

- À toi, que j'ai aimé -

Les bulles crépitent sous ma langue
Avec un goût qui prend à la gorge
Me rappelant
Quand la tienne caressait la mienne

CHAMPAGNE

- À toi, que j'ai aimé -

Finalement, même jusque dans mon intimité
Tu te trouves
Tu trouves toujours un moyen
Pour continuer à me faire mal
Quatre ans après tu es toujours là
Dans mes pensées
Tu ne les quittes jamais et tu continues
À me pourrir la vie
Par tes mains qui n'étaient point
Invitées sur mon corps
Et ton sexe qui me pénétrait sans cesse
Sans consentement
Que mes larmes
Ne te faisait pas arrêter
Et que mes prières
N'ont pas atteint les cieux

PAS CONSENTIT

- À toi, que j'ai aimé -

Où étais-tu quand j'avais besoin de toi ?
Quand mon cœur me serrait
Tellement fort
Que j'ai cru en mourir
Où étais-tu quand j'avais besoin de tes bras
De tes lèvres sur ma peau
De tes mains sur mon corps
Et de tes yeux dans les miens ?
Où étais-tu parti tous ce temps ?

OÙ ÉTAIS-TU PARTI ?

- À toi, que j'ai aimé -

Il va arriver un jour
Où tu ne verras plus mes larmes
Car ces larmes seront aussi banales
Qu'un bonjour le matin

LARMES

- À toi, que j'ai aimé -

J'aspire à partager ma vie,
Avec quelqu'un qui saura aimer mes larmes
Autant que mes éclats de rire

HYPERSENSIBLE

- À toi, que j'ai aimé -

Ça fait mal de se dire
Qu'on n'a pas le droit au bonheur

INTERDICTION

- À toi, que j'ai aimé -

Je ne veux plus aimer
Je ne veux plus être déçue par l'amour
Je ne veux plus que mon cœur continue de souffrir
À aimer d'un amour à sens unique
À faire des efforts pour deux
Être la seule à vivre la relation
Et à se démener pour deux
Pour qu'une relation fonctionne

AMOUR À SENS UNIQUE

- À toi, que j'ai aimé -

Mes pleurs sont immatures
Tout comme mes cris de désespoir à tes yeux
C'est la seule manière que j'ai trouvé
Pour exprimer ce trop plein d'émotion qui me hante
À m'époumoner dans la nuit noire
Sous le regard de la lune et des étoiles

SOUS LA NUIT

- À toi, que j'ai aimé -

On dit que trop arroser une plante
N'est pas souvent bénéfique pour elle
Par accumulation de l'eau
Ses racines peuvent pourrir
C'est ce que j'ai fait avec toi
Je t'ai trop arrosé avec mon amour
Et ton cœur à fini par en pourrir

ARROSAGE D'AMOUR

- À toi, que j'ai aimé -

J'aurais voulu te dire,
À demi-mot
Tous ce que j'avais sur le cœur

À DEMI-MOT

- À toi, que j'ai aimé -

Si tu savais ce que je déteste
Être qui je suis en ta présence

CE N'EST PAS MOI

- À toi, que j'ai aimé -

Personne n'est capable de m'aimer
De m'accepter comme je suis
D'accepter mon hypersensibilité et ma bonté
Finalement je suis destinée à errer seule
Car même en donnant le meilleur de moi-même
On finit par me laisser partir

SEULE

- À toi, que j'ai aimé -

Dit moi ce que j'ai mal fait
Ou ce que je n'ai pas fait
Mais donne moi une raison

RAISON

- À toi, que j'ai aimé -

Si je continue à faire ce que je fais
C'est qu'il en vaut la peine
Et je vous promets
Qu'il en est une belle de peine

PEINE

- À toi, que j'ai aimé -

Je suis fatiguée de qui on est
Je suis fatiguée de la relation qu'on a
Je suis fatiguée de savoir que tu me touches
Comme si j'étais à toi
Sans être à toi
De te savoir proche de moi
Sans que tu le sois
Si tu savais comme je suis fatiguée
De la tournure que prennent les événements

FATIGUÉE

- À toi, que j'ai aimé -

Je voulais être à toi
Je voulais que tu me touches
Comme si c'était la dernière fois
Que tu le pouvais
Je voulais que ton cœur m'aime
D'un amour absolu et sans fin
Je voulais être la femme de ta vie
Et non pas l'erreur de ta vie

ERREUR DE TA VIE

- À toi, que j'ai aimé -

J'ai tout perdu
Car je ne sais pas
Fermer cette bouche
Qui parle trop
Et ces pensées
Qui divaguent trop

TOUT PERDU

- À toi, que j'ai aimé -

J'admire ce cœur capable d'aimer
Celui qui est capable de voir le meilleur en toi
Celui qui te pousse jusqu'au bout de tes rêves
Dans tes objectifs de vies et bien plus
En sachant pertinemment qu'il ne recevra pas
Ce qu'il a réussi à te donner

COEUR

- À toi, que j'ai aimé -

Ça y est, notre histoire touche à sa fin. Finalement, on n'aura pas eu le temps d'y voir un avenir, notre histoire était trop courte pour être vécue et appréciée à sa juste valeur. À travers tous ces pleurs et ces disputes on a vécu quelque chose de beau. Ce n'était que pour quelques malheureux mois, quelques mois qui se feront sûrement oublier de ton côté, mais dans mon cœur ce sera pour la vie. Tu as su changer mon âme d'une belle façon. Tu as su me faire m'aimer, me sentir belle, sexy et à y apprendre un peu l'égoïsme. Par nous, je me sens enfin en paix avec moi-même, avec qui je suis. Je commence petit à petit à me trouver, à savoir où je veux aller dans l'avenir et avec qui je veux me tenir. Par toi, je suis la plus heureuse des femmes que nos âmes ont pu se toucher, même l'espace de quelques instants, qu'elles ont su se parler et s'apprécier.

LA FIN

MAUX DE COEUR

Quand deux âmes doivent se détacher l'une de l'autre

- À toi, que j'ai aimé -

Regarde comme le ciel nous pleure
Pleure la fin de notre histoire

JOUR DE PLUIE

- À toi, que j'ai aimé -

Tout s'effrite et se meurt
Comme notre amour finalement
Les choses éphémères sont les plus belles
Mais les choses éphémères disparaissent en un coup de vent
Comme celui qui souffle sur mon visage chaque matin
Et décroche aux arbres des milliers de feuilles
Chaque bouffée d'air frais me rappelle que tu n'es plus là
Et seule dans ce tourbillon brunâtre
Je te vois t'envoler transporté par ce vent
En me demandant : quand reviendra le beau temps

AUTONME

- À toi, que j'ai aimé -

Et je criais sous les étoiles
Dans la nuit noire
Assise sur le siège de ma voiture
De ne pas m'abandonner
Et que jamais tu ne m'oublies

DANS LA NUIT

- À toi, que j'ai aimé -

Je n'y arrive plus
Je ne veux pas d'une vie où tu n'y vis pas
J'ai besoin de toi
Même si ça me fait du mal à l'admettre
J'ai vraiment besoin que tu sois dans cette vie
À mes côtés

À MES CÔTÉS

- À toi, que j'ai aimé -

Il y a tellement de choses
Que j'aimerais pouvoir te dire
Crier au monde ce que je ressens
Pour partager ma peine

CRIER

- À toi, que j'ai aimé -

Et je priais Dieu de te rendre
En criant de toutes mes forces
À quel point je suis désolée
Que la blague a assez durée
En le suppliant
Que tu reviennes dans mes bras

REVIENS MOI

- À toi, que j'ai aimé -

J'ai vraiment cru
Que pour une fois,
Quelqu'un allait prendre la peine
De se battre pour moi
Malheureusement,
On est toujours sur la même danse
On m'abandonne
Car je suis trop bien,
Trop respectueuse pour eux
Puis arrive le jour
Où ils s'en mordent les doigts
Et reviennent
Pour essayer de racheter leurs fautes
En se rendant compte à quel point,
Finalement,
On en valait la peine
Mais ce moment arrive trop tard
Car ils nous voient enfin
Avec le sourire scotché aux lèvres,
Dans les bras d'une personne
Qui ne sont pas eux

ABANDON

- À toi, que j'ai aimé -

Je n'arrive plus à croire
Que quelqu'un voudra un jour
De la personne que je suis
M'aimera inconditionnellement
Et fera de moi sa priorité
Que je serais éperdument
Amoureuse de quelqu'un
Qui me mérite
Et se batte pour moi

NE PLUS Y CROIRE

- À toi, que j'ai aimé -

Je te déteste
De ne pas avoir su me comprendre
De ne pas avoir essayé
De comprendre le mal qui m'habite
Et me ronge chaque jour
Je te déteste
De ne pas avoir compris mes larmes
Mes besoins, mes peines et mes bonheurs
Je te déteste un peu plus chaque jour
De ne jamais avoir essayé d'être là pour moi
De me prendre par la main
Et de me dire que tout ira bien
Je te déteste
De m'avoir fait te détester
Je te déteste
De m'avoir laissé ce sentiment à ton égard
La haine que tu me laisses
Quand je pense à toi
Je te déteste pour tous ce que tu es
Mais je me déteste encore plus
D'en venir à détester une personne en qui
J'avais de l'admiration et du respect

JE TE DÉTESTE

- À toi, que j'ai aimé -

Pourquoi on agit comme ça dit moi ?
Pourquoi on est comme ça entre nous ?
Pourquoi on ne peut pas avoir une relation normale ?
Pourquoi tous les efforts qu'on fait
Se transforment en erreur monumentale ?
Dit moi pourquoi je me pose autant de question
Sur un lien qui n'existe plus entre nous ?

POURQUOI

- À toi, que j'ai aimé -

Pensais-tu qu'en me contant
Tout ce que tu aurais pu m'offrir
Si tu m'aimais
Aurait pu soulager un tiers de ma peine ?
Qu'en me racontant à quel point
Je suis une personne géniale
Aurait pu soigner
Mon cœur de ton éloignement ?
Dis-moi, à quoi tu pensais ?

SI TU M'AIMAIS

- À toi, que j'ai aimé -

Comment as-tu pu
Partir sans regarder derrière toi
Sans l'ombre d'un remord
Les mains dans les poches
Les yeux rivés vers l'horizon
Sans moi accrochée à ton bras
Et ma tête contre ton épaule

TRAHISON

- À toi, que j'ai aimé -

Parce que de la haine
Né l'amour
Et que sans haine
L'amour n'existerait pas

HAINE

- À toi, que j'ai aimé -

Parce qu'il est plus facile
De détester quelqu'un
Que de l'aimer
Qu'il est plus simple
De vivre avec de la haine
Que de l'amour dans le cœur

HAINE DANS LE COEUR

- À toi, que j'ai aimé -

Mon cœur pleure
Mon cœur saigne
Et se fissure
De se retrouver seul
Sans le tien

SANS TON COEUR

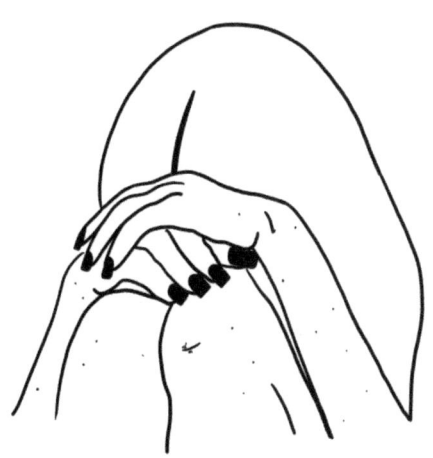

- À toi, que j'ai aimé -

La trahison ça pique
Surtout lorsqu'elle vient d'un être
Qu'on considérait comme cher
Elle te broie les entrailles
Et te donne des coups de poings
Pour toi petite fleur,
Ne la laisse pas t'emporter

FORTE

- À toi, que j'ai aimé -

Tu n'es plus avec moi
Car avoir une femme qui t'aime
À tes côtés te fait peur

PLUS AVEC MOI

- À toi, que j'ai aimé -

Tu me manques
Et ça en devient douloureux...

DOULEUR

- À toi, que j'ai aimé -

Un shot, deux shots, peut-être trois
Même quatre, qu'importe
Ce que je sais
C'est que tu n'es plus là
Que ta bouche
Sur la mienne me manque
Que ta langue
Qui danse avec la mienne me manque
Que tes mains
Qui se baladent sur mon corps me manque
Mais surtout
Ce que tout ton être me manque

SHOTS

- À toi, que j'ai aimé -

Le seul point positif d'une rupture
Est de remettre sa vie en question

RUPTURE

- À toi, que j'ai aimé -

Oh si tu savais
Ce que j'ai mal
J'aimerais pouvoir m'arracher le cœur
Ce cœur qui t'a tant donné
Et qui t'a tant aimé

S'ARRACHER LE COEUR

- À toi, que j'ai aimé -

Pourquoi tu ne comprends pas
Que sans toi je ne suis rien ?
Je m'endors chaque soir de fatigue
D'avoir ce cœur qui s'effrite
Et de verser autant de larmes
Les unes les plus salées que les autres

SANS TOI JE NE SUIS RIEN

- À toi, que j'ai aimé -

Ce n'est pas que je sois immature
Mais que ma pureté
Et mon innocence ne te plaisent pas
Ça t'énerve de savoir
Que je trouve toujours du bon en toi
Malgré que tu aies détruit mon cœur
En un millier de morceaux

MILLIER DE MORCEAUX

- À toi, que j'ai aimé -

Je pense que le pire,
C'est la manière dont tu continues
À me traiter
Même après m'avoir quittée
À me parler comme si j'eus
Été importante pour toi
Et que mes sentiments et mes secrets
Te regardent
Si tu ne veux pas te tenir à mes côtés
Laisse-moi briller aux côtés de quelqu'un d'autre
S'il te plaît

S'IL TE PLAÎT

- À toi, que j'ai aimé -

On s'était promis de rester pour toujours
Pourtant tu es parti

POUR TOUJOURS

- À toi, que j'ai aimé -

Tu aurais pu tout avoir
De moi
Mais finalement
Tu finis avec rien

RIEN

- À toi, que j'ai aimé -

Ça fait quoi
De perdre la seule personne
Qui prenait soin de toi ?

LA SEULE

- À toi, que j'ai aimé -

Peut-être que je t'ai trop aimé
Trop fort et surtout sans retenue
Tu étais l'éclaircie dont j'avais besoin
Dans ce monde si sombre
Peut-être que je n'étais pas suffisante
Qu'un corps et un esprit simple
Ne te convenaient pas
Que l'honnêteté et la bonté étaient trop pour toi
Peut-être que tu ne voulais pas être aimé
Et me laisser t'aimer
En sachant que je connaîtrais tes failles
Que je pourrais retourner tes insécurités contre toi
Et te blesser davantage
Comme d'autres ont pu le faire
J'aurais pu tout te donner de moi
Jusqu'à mon cœur dans tes mains
Pour que le tien soit plus tranquille

TROP

- À toi, que j'ai aimé -

Je suis désolée pour toi,
Mais je me sens surtout désolée pour moi-même
D'avoir cru que tu marcherais à mes côtés
Et que tu voudrais y rester

DESOLÉE

- À toi, que j'ai aimé -

Pourquoi m'as-tu fait tomber amoureuse
Si ce n'est pas pour me garder ?
Pour le coup, je suis réellement tombée
Par terre, la tête la première

TOMBER PAR TERRE

- À toi, que j'ai aimé -

J'étais différente des autres femmes
Un peu plus sensible que de coutume
Beaucoup plus aimante que d'autres
Un brin de folie
Avec un cœur pur
Et une âme d'enfant

DIFFÉRENTE

- À toi, que j'ai aimé -

Je possédais une de ces vertus
Qu'on appelle perdue de nos jours
Une moralité bien décalée de la réalité
Assez naïve et réfléchie
Un caractère bien trempé
Mais effacé par la vie
J'étais tous d'une vraie femme
D'une femme
Qui rêve mariage et enfant
Pas d'une adolescente
Qui pense alcool, drogue et sexe

VRAIE FEMME

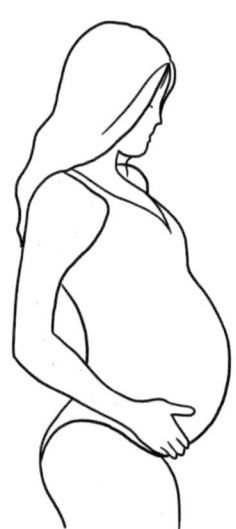

- À toi, que j'ai aimé -

J'étais une tornade dans ta vie
Un gouffre rempli d'air froid et sombre
Qui a tout emporté sur son passage

TORNADE

- À toi, que j'ai aimé -

J'aimais être avec toi
Je me sentais différente
Pas comme une pleurnicharde
Dont la vie est finie
Maintenant que tu n'es plus là
Tout est différent
Le précipice se rapproche de plus en plus
Mes pensées ne sont plus positives
J'ai abandonné

DÉPRESSIVE

- À toi, que j'ai aimé -

Les larmes dévalent mes joues
En me repassant nos moments
Si précieux à mes yeux
En pensant que tu ne me toucheras plus
Et qu'à part le rêver
Je ne peux rien faire d'autre

RÊVER

- À toi, que j'ai aimé -

J'ai pris conscience que j'avais déjà
Versé trop de larmes
Pour ce lien entre nous inexistant
Et d'éphémère
Que trop de larmes
Ont été versées bêtement

TROP DE LARMES

- À toi, que j'ai aimé -

On revient toujours
L'un vers l'autre
Et j'ai peur du jour
Où on ne le fera plus

L'UN VERS L'AUTRE

- À toi, que j'ai aimé -

Tu ne me laisses pas rentrer dans ton monde
Tu ne me laisses pas savoir
Tes pensées les plus profondes
Qui tu es, et ce que tu veux
Tu me laisses constamment
Devant la porte de ton cœur
Et m'y fait poireauter indéfiniment
C'est fini maintenant, je rentre chez moi
Là où j'appartiens

PORTE DE TON COEUR

- À toi, que j'ai aimé -

La seule chose dont j'ai besoin c'est que tu me prennes dans tes bras. Que tu me dises que tu es désolé et que tu veux te battre pour moi, pour ce que je suis et ce que je peux t'apporter, mais on sait très bien tous les deux que c'est quelque chose qui n'arrivera jamais.

Toi aussi tu vas me manquer et bien sûr que j'aimerais te revoir mais je ne peux pas. Bien sûr que j'aimerais te faire visiter ma ville natale en se promenant dans les rues et en bord de plage, te montrer la crique, parler de tout et de rien comme à notre habitude, escalader les rochers, qu'on s'amuse et qu'on rigole ensemble, glace à la main sous le soleil.

Je vais vraiment mieux depuis que je ne suis plus avec toi, c'était la meilleure décision à prendre compte tenu de la situation. Pour la première fois de ma vie je respire et j'accepte ce que la vie a à m'offrir.

- À toi, que j'ai aimé -

On n'est pas des mauvaises personnes, on a juste merdé à notre manière dès le début. Dès le départ on n'a rien fait comme il fallait. J'aimerais qu'on recommence tout à zéro, qu'on oublie tout et qu'on reparte sur de bonnes bases, sur de nouvelles choses, une autre histoire, un nouveau nous.

Peut être que je suis trop bien pour toi, peut-être pas assez, trop insoucieuse, trop dans mon monde, peut être que tu n'es pas la personne qu'il me faut mais pour moi ce ne sont que des détails. Tu es la personne dont je suis amoureuse et que j'aimerais avoir à mes côtés pendant longtemps. Tu es loin d'être l'homme et l'amour de mes rêves mais tu étais tous ce que j'aimais chez une personne et de belles qualités que je chérissais.

On s'est juste rencontré à la mauvaise période, pas au bon moment. Tous les jours je me dis que sous d'autres conditions on filerait le parfait amour, qu'on passerait nos soirées à se câliner, à se faire des bisous et à regarder des films dont on met toujours trois ans à choisir. Tous les soirs je m'endors nostalgique car je ne pourrais plus embrasser ta petite tête blonde et me blottir dans tes bras pendant la nuit.

- À toi, que j'ai aimé -

Je ne pourrais jamais te détester car malgré les faux départs tu as fait ressortir ce qu'il y avait de mieux en moi-même. Je m'épanouissais à tes côtés, j'apprenais à voir la vie par tes yeux. Le petit bourgeon que j'étais devenais une belle petite fleur.

Quand j'aurais fini ce recueil je te l'enverrais. Il parle de toi, de nous et de moi. Il raconte autant mes peines que mes bonheurs d'avoir croisé ta route.

Je veux te remercier pour ce que tu as fais pour moi pendant ces quelques mois. À l'attention que tu as su me porter, m'aider et me conseiller quand j'en avais besoin. À toutes les fois où tu me nourrissais, me prenais dans tes bras. À tous tes mots doux, à tous tes baisers. Malgré tout, à tes côtés j'étais heureuse, j'étais heureuse d'être tombée sur quelqu'un comme toi. La femme qui partagera ta vie aura beaucoup de chance de se tenir à tes côtés.

Je vivrais avec les meilleurs souvenirs que tu m'as laissés pour que pour toujours notre histoire se fasse rappeler. Je te pardonne pour tout et je m'excuse pour tout ce que j'ai pu te dire ou te faire. Il n'y a pas qu'un fautif, on était deux à faire fausse route.

- À toi, que j'ai aimé -

En espérant t'avoir touché avec mes mots de la même manière dont tu as su toucher mon cœur.

Non è un addio ma un ti amo per sempre.
La donna che avrebbe potuto essere tua moglie ed essere felice.

LETTRE D'ADIEU À NOTRE NOUS

PAIX AVEC SOI-MEME

Quand les âmes et le cœur fredonnent la même mélodie

- À toi, que j'ai aimé -

Tu sais, à force d'y penser
La douleur s'épuise petit à petit
Et commence à laisser place à de la sérénité
C'est bizarre de se dire
Que cette sérénité ne vient pas
De la chaleur de tes bras
Mais du vide
Que tu laisses dans mon cœur

SÉRÉNITÉ

- À toi, que j'ai aimé -

Parce que je mérite
De recevoir des fleurs sans raison
Parce que je mérite
Qu'on m'invite à sortir sans raison
Parce que je mérite
Qu'on fasse de moi une priorité
Parce que je mérite
Qu'on se lève chaque matin
En pensant à moi
Et qu'on se couche chaque soir
En rêvant de moi

JE MÉRITE

- À toi, que j'ai aimé -

Parce que
Quand tu n'es plus là
Il me manque
Ce quelque chose
Qui faisait battre
Mon cœur

BATTRE MON COEUR

- À toi, que j'ai aimé -

Parce que je t'aimais
Même lorsque tu ne t'aimais plus
Parce que je t'aimais
Même lorsque tu n'y arrivais plus
À toutes ces fois
Où mon cœur battait pour toi

MON COEUR BATTAIT POUR TOI

- À toi, que j'ai aimé -

Il est vrai
Que les seules personnes
Pouvant panser nos blessures du cœur
Sont celles qui s'amusent également
À le détruire à coup de marteau
Et à la réduire en mille morceaux

BLESSURE

- À toi, que j'ai aimé -

Le pire c'est de ne pouvoir le détester
Pour toutes les bonnes choses qu'il a pu faire

JE NE PEUX PAS TE DÉTESTER

- À toi, que j'ai aimé -

Bien sûr que j'ai essayé de te détester
Bien sûr que j'étais en colère contre toi
Que j'en ai voulu au monde entier
Que je t'en ai voulu
Que j'en ai voulu aux astres qui me regardent
Et rigolent de ma destinée
Car moi, j'y croyais
Je croyais très fort en nous,
En toi...

CROYANCE

- À toi, que j'ai aimé -

Grâce à toi
Je viens à prier tous les soirs
En remerciant Dieu
De la journée qu'il m'a donnée
Même si elle était riche en émotions
Je suis vivante
Et tout ça c'est grâce à toi

GRÂCE A TOI

- À toi, que j'ai aimé -

Tu méritais tout l'amour
Que j'ai su te donner
Car tu étais spécial à mes yeux
Tu es des personnes qu'on appelle unique
Qu'on rencontre qu'une fois dans une vie
Et qui nous fait ressentir
Comme si on en avait qu'une

UNIQUE

- À toi, que j'ai aimé -

Dieu sait à quel point je t'aimais
A quel point j'aimais te voir sourire
A quel point j'avais besoin de toi
Et pourtant, il t'a arraché de ma vie

ARRACHÉ

- À toi, que j'ai aimé -

C'était si naturel
De t'avoir dans mes bras
De t'écouter parler de ta vie
De chercher constamment ton contact
Que je me retrouve à me battre
Contre-nature
De ne pas revenir vers toi

NATUREL

- À toi, que j'ai aimé -

Notre relation n'a durée que quelques mois
Mais dans mon cœur
J'avais l'impression
De te connaître depuis toujours

DEPUIS TOUJOURS

- À toi, que j'ai aimé -

J'aurais voulu qu'on se retrouve
Qu'on répare ce qu'on a cassé
Qu'on se pardonne
Qu'on recommence tout à zéro
Et qu'on vive cette relation à deux-cent pourcent

TOUT PARDONER POUR MIEUX SE RETROUVER

- À toi, que j'ai aimé -

J'ai essayé de rencontrer de nouvelles personnes
Comme tu me l'avais conseillé
J'ai essayé de t'oublier
Mais à chaque fois que quelqu'un me plaisait
Je me répétais qu'il n'était pas toi

PAS TOI

- À toi, que j'ai aimé -

Ils ne sont pas toi
Et c'est tout le problème

PROBLÈME

- À toi, que j'ai aimé -

Toi ne reviens pas
Si ce n'est pas pour me dire je t'aime
Et moi je ne reviendrais pas vers toi
Si ce n'est pas pour qu'on soit amis
Comme ça quoi qu'il arrive
On se retrouvera

DEAL

- À toi, que j'ai aimé -

Je t'aimais un peu au premier abord
Puis ces sentiments ont grandit
Et je t'aimais beaucoup
La passion s'est liée entre nos deux corps
Pour finir, ils sont devenus folie
Au point de m'en faire perdre la tête
J'attends le jour où ils ne seront plus du tout
Ce sera le jour où je choisirais de retourner vers toi
Pour perpétuer cette histoire sans fin
Et continuer à arracher chaque pétale
De chaque fleur que je croise

PÉTALES

- À toi, que j'ai aimé -

Je prie
Pour qu'un jour
Tu puisses me pardonner
De toutes les atrocités
Que j'ai pu te balancer à la figure
Ou que j'ai pu penser de toi

PARDON

- À toi, que j'ai aimé -

Je suis triste
Triste à l'idée de ne plus te parler
De ne pas être allée jusqu'au bout des choses
De t'avoir perdu de vue
De ne plus partager ton quotidien
Tes joies, comme tes peines
Je suis d'une tristesse absolue
Qui tend vers le désespoir
De me voir oubliée à tous jamais

TRISTESSE ABSOLUE

- À toi, que j'ai aimé -

J'étais tienne
Maintenant je ne reste qu'un lointain souvenir
Qui se noie parmi tant d'autres

LOINTAIN SOUVENIR

- À toi, que j'ai aimé -

Dit moi que je ne suis pas la seule
À rêver la nuit de nous
De ce qu'on aurait pu devenir
De certains moments passés ensemble
De nos baisers
De nos câlins
De toi en moi
Et de moi sur toi

NOUS

- À toi, que j'ai aimé -

C'est peut-être égoïste
En sachant que tu n'es plus mon copain
Mais je n'ai pas envie que tu poses tes lèvres
Sur la bouche d'une autre que moi

ÉGOÏSME

- À toi, que j'ai aimé -

Est-ce que toi aussi
Allongé dans ton lit
Tu penses à moi ?
Te remémores-tu mon parfum
Aux douces notes de bergamote et de grenade
Que tu adorais humer
Au creux de mon cou ?
Des baisers que tu y déposais
Et de ces mains qui me caressaient avec envie ?

PARFUM D'ENVIE

- À toi, que j'ai aimé -

Jamais quelqu'un ne m'a autant manqué
Par ses gestes ou encore
Par ses paroles
En général,
Ce sont les relations qui me manquent
Mais avec toi,
Tout est différent
Tu es celui qui me manque chaque jour
Chaque nuit
Mon cœur te cherche
Dans les souvenirs que tu m'as laissés
Ou encore dans les futurs
Qu'on aurait pu avoir ensemble

TU ME MANQUES

- À toi, que j'ai aimé -

Parce que t'imaginer au côté
De quelqu'un d'autre me tue
Mais c'est aussi ça aimer
C'est d'accepter
Que la personne que l'on aime soit heureuse
Et marche main dans la main
Avec une autre personne que soi

MAIN DANS LA MAIN

- À toi, que j'ai aimé -

C'est dur de se dire
Que maintenant on ne reste
Que des étrangers
Partageant de beaux souvenirs

ÉTRANGERS

- À toi, que j'ai aimé -

Encore une nuit
Où je dors peu
Une nuit dans laquelle
Tu hantes mes pensées
Comme un fantôme
Que je ne reverrais plus
Que je ne resserrerais plus dans mes bras
Et déposerais à la cime de tes cheveux
De doux et tendres baisers

INSOMNIE

- À toi, que j'ai aimé -

Tu as su créer une belle personne
Une personne qui a confiance en elle
Et en ce qu'elle entreprend
Une personne qui apprend à s'aimer
Avant d'aimer les autres

BELLE PERSONNE

- À toi, que j'ai aimé -

Beaucoup de personnes
Remarque mon changement
Ils pensent que je suis heureuse
Que je suis plus épanouie
Et que je croque la vie à pleines dents
La vérité c'est que oui,
Je le suis
Et ça me fais peur de me savoir
Heureuse et épanouie
Sans toi à mes côtés

ÉPANOUIE

- À toi, que j'ai aimé -

Ce n'est pas un adieu
Mais un je t'aime pour toujours

POUR TOUJOURS

- À toi, que j'ai aimé -

Parce que le soleil
Continue toujours de se lever
Qu'importe les tempêtes
Et les déluges qui y passent

APRÈS LA PLUIE VIENT LE BEAU TEMPS

- À toi, que j'ai aimé -

A toi, que j'ai aimé. À toi, mon amour de quelques mois. Merci de t'être tenu à mes côtés, on était loin d'être parfait mais on était qui on était. Deux tempêtes constamment en collision et une relation des plus étranges par nos tempéraments plus que différents. Souvent il arrive que deux personnes ne se rencontre pas au bon moment et c'était notre cas. Certaines difficultés de la vie font que deux âmes ne peuvent pas s'aimer pleinement. Ce livre je te le dédie, pour avoir su me montrer certaines facettes de la vie que je n'avais pas su voir par mon innocence, par ma pureté de cœur. Ce livre c'est notre histoire, ce sont mes sentiments, mes ressentis. Merci d'avoir été la personne que tu as pu être. Un jour tu rencontreras quelqu'un qui t'aimera autant que j'ai pu le faire et que tu sauras aimer pleinement en retour. Un amour qui te fera sourire à chaque instant de ta vie, une personne avec qui tu vas pouvoir grandir et imaginer un futur. Cette personne ça n'a pas su être moi...

À TOI, QUE J'AI AIMÉ

TOUT CE QUE JE NE TE DIRAIS JAMAIS

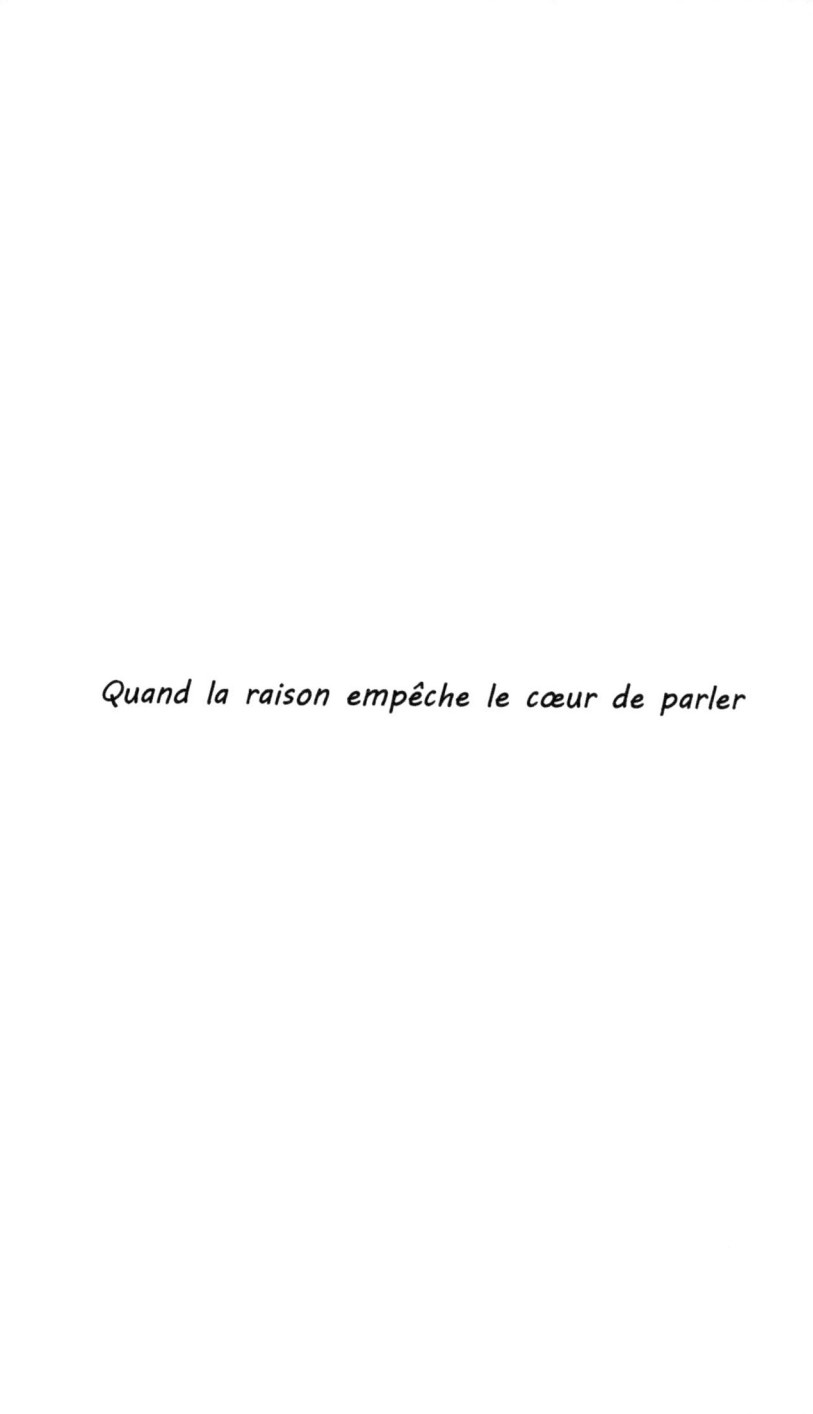
Quand la raison empêche le cœur de parler

- À toi, que j'ai aimé -

Il y a tant de choses que j'aurais adoré partager avec toi

- À toi, que j'ai aimé -

Il y a tant de choses que j'aurais adoré partager avec toi. Partir dans une ville et se perdre au milieu des rues de celle-ci. Visiter les villes qui jonchent la côte de ton pays dont j'apprécie tant les paysages. Déguster de bonnes *gelati* sous la chaleur du soleil. Aller nager dans l'eau éclatante et translucide de la mer et y observer les poissons. S'amuser dans la flotte salée, s'éclabousser et rigoler aux éclats. Faire des châteaux sur le sable chaud. Ramasser des coquillages sur le sable blanc. Prendre un verre et manger un morceau en ta compagnie dans un de ces endroits magiques qui constitue le patrimoine de l'Italie. Y voir et sentir les fleurs qui parsèment les rues ensoleillées des villages.

- À toi, que j'ai aimé -

Et j'espère que même de là où tu te trouves, tu es fier de moi et de ce que je deviens

- À toi, que j'ai aimé -

J'ai fais tous ce que tu m'as conseillée de faire lors de nos discussions jusqu'à tard dans la nuit. J'ai réservé un week-end avec une amie pour l'Espagne et aller mettre le feu sur la piste de danse. Je me reprends enfin en main et putain ce que je me sens revivre. Je comble ton vide par le sport et je me force même à manger même lorsque l'envie n'y est pas car je sais que si nous continuions à nous parler tu en serais peu fier. Je sors souvent jusqu'à tard le soir pour danser avec des amis, ce qui me permet, l'espace de quelques instants, d'oublier que tu as pu faire partie de ma vie. Je fais tous ce que tu aurais voulu que je fasse et j'espère que même de là où tu te trouves, tu es fier de moi et de ce que je deviens.

- À toi, que j'ai aimé -

Car je te portais un amour de cœur et non de raison

- À toi, que j'ai aimé -

J'ai suivi mon cœur même lorsque toutes les cellules de mon corps me disaient d'en rester là. J'ai suivi mon cœur même lorsque tout était contre toi. J'ai préféré suivre mon cœur que la raison car je te portais un amour de cœur et non de raison. Il y a tant de choses que mon cœur aimerait t'écrire à l'encre rouge de ses artères.

- À toi, que j'ai aimé -

J'espère qu'un jour j'aurais ton pardon

- À toi, que j'ai aimé -

Je m'en suis beaucoup voulu de l'état dans lequel je t'ai mis. J'ai prononcé certains mots que je n'aurais pas dû sur le coup de l'énervement. Je m'en excuse d'ailleurs, ce n'était pas dans ce sens là que je voulais que tu les comprennes et j'espère que tu as su comprendre avec le temps que ça n'en était pas mon intention. J'espère que tu as su pardonner mes mots et si ce n'est pas le cas, j'espère qu'un jour j'aurais ton pardon. Ma seule erreur a été de croire en nous...

- À toi, que j'ai aimé -

Il y a tellement de chose que j'aurais dû faire avant de partir ce soir là

- À toi, que j'ai aimé -

J'aurais dû te tenir la main une dernière fois avant de m'en aller. J'aurais dû te serrer une dernière fois dans mes bras. Il y a tellement de chose que j'aurais dû faire avant de partir ce soir là mais que je n'ai pas fait car jamais je n'aurais cru que ce serait la dernière fois.

- À toi, que j'ai aimé -

Vivrais-tu dans ce brouillard sans fin de ne pas avoir pu me dire au revoir

- À toi, que j'ai aimé -

Beaucoup de question traverse mon esprit embrumé et prit par le doute. Si après mon accident tu étais venu, cela aurait-il changé quelque chose entre nous ? Si j'étais blessée, aurais-tu accouru à l'hôpital pour me voir ? Si j'en étais morte, aurais-tu regretté nos derniers échanges ? T'endormirais-tu dans ce lit froid en te répétant que tu aurais dû m'appeler une dernière fois, me serrer fort dans tes bras une dernière fois, m'embrasser une dernière fois ? Vivrais-tu dans ce brouillard sans fin de ne pas avoir pu me dire au revoir avant que mon âme rejoigne les étoiles ?

REMERCIEMENT

Un grand merci à toutes les personnes qui m'ont soutenu et qui ont cru en moi pendant ce projet un peu fou.

Mille merci à ce garçon qui a su rencontrer ma route et me guider dans ma vie : merci à toi qui m'a suivi dans toutes les étapes de l'achèvement de ce recueil, ce recueil qui n'aurait jamais vu le jour sans toi.

Un grand merci à Faustine pour ces illustrations d'une beauté à tomber et des conseils apportés tout au long de l'écriture de ce premier recueil.

Un grand merci également à Safia Karimi, ancienne professeure des écoles, qui a passé au crible fin ce livre pour le rendre parfait.

Merci à ma Candice, ma Carla et à ma Cynthia d'avoir suivi de prêt l'avancement de ce livre, de l'avoir lu et des avis donnés pour l'améliorer et le rendre inoubliable.

Un grand merci à vous, étrangers et lecteurs, de vous être procuré ce petit livre rempli de mes écrits, d'amour, de mes peines, mais aussi de mes petits bonheurs.

Instagram : @amandine.gino (lecture/écriture)
@bruhitsamandy (personnel)